Motoröl ist ausgelaufen. Der Feuerwehrmann streut es mit Bindemittel ab.

Die Feuerwehr kommt nicht nur, wenn es brennt. Sie hilft bei Unfällen oder rückt aus, wenn ein Sturm Schaden angerichtet hat. Auch der Schutz der Umwelt ist eine wichtige Aufgabe.

„Da ist ja Mia, die kenn' ich!“ Jule winkt ihrer Nachbarin zu.

Willkommen auf Wache 4

Flo und Jule dürfen sich heute auf der Feuerwache umsehen. „Und wenn es keinen Einsatz gibt, habt ihr dann frei?", will Flo wissen. Feuerwehrmann Matti lacht: „Bei uns gibt es **immer** was zu tun! In den Werkstätten reparieren wir die Geräte. Wir üben viel und halten uns fit. Und Unterricht steht auch auf dem Dienstplan!"

„Wozu ist der hohe Turm da?", fragt Jule. „Darin trocknen wir die Schläuche", erklärt Matti.

Mia hat heute Dienst.
Gleich fährt sie ein
Löschfahrzeug aus
der Halle.

„Zum Trösten haben wir immer den Teddy dabei“, meint Mia.

Was hat das Löschfahrzeug alles dabei?

Jule und Flo staunen: Da gibt es Schläuche in verschiedenen Größen, Strahlrohre, einen Verteiler und Atemschutzgeräte. „Sogar ein Wassertank ist im Innern verborgen", erklärt Matti. Aber auch Leitern, Äxte oder Sägen sind an Bord – wie eine **rollende Werkstatt**!

Hinten ist die Pumpe. Sie gibt dem Löschwasser den nötigen Druck. Sieh mal nach!

Fehlt etwas? Nach jedem Einsatz wird die Ausrüstung durchgesehen.

Immer gut geschützt!

„Unsere Einsätze sind oft gefährlich", erklärt Matti. „Daher tragen wir Schutzkleidung und haben eine besondere Ausrüstung dabei. Hose, Jacke und Handschuhe sind aus einem Stoff, der vor Hitze und Flammen schützt. Und mit den **Leuchtstreifen** sind wir im Dunkeln gut zu erkennen."

Bei Bränden tragen Feuerwehrleute eine Atemschutzausrüstung. Denn der giftige Rauch ist noch **viel gefährlicher** als die Flammen. Über die Maske atmet Mia frische Luft aus der Flasche auf ihrem Rücken ein.

„Kennt ihr die Notrufnummer der Feuerwehr?“
„Aber klar“, weiß Flo, „das ist die 112!“

Mit Tatütata zum Einsatz!

In der Leitstelle müssen Flo und Jule mucksmäuschenstill sein. Hier nehmen die Mitarbeiter rund um die Uhr Notrufe entgegen. Da kommt auch schon ein Anruf: Auf einem Reiterhof brennt es! Mattis Kollege löst sofort den **Alarm** aus. Ein lauter Gong ertönt in der Wache.

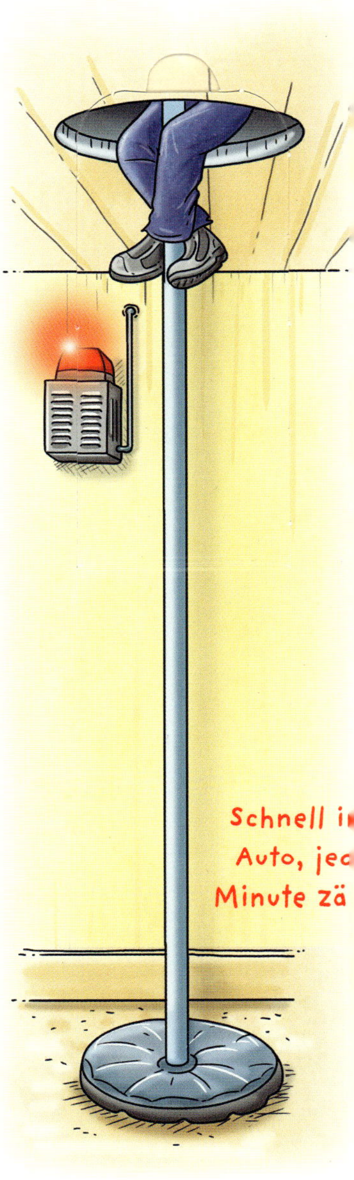

Schnell i
Auto, jec
Minute zä

Hui! Flink rutschen die Feuerwehrleute an der Stange hinunter. So müssen sie nicht die Treppe nehmen und sind viel schneller in der Halle bei den Fahrzeugen. Kurz darauf braust der Löschzug los. **Tatütataaa!**

Bei Alarm öffnen sich die Tore der Fahrzeughalle ganz automatisch.

Wie wird ein Feuer gelöscht?

Die Flammen schlagen hoch aus dem Dach des Reiterhofs! Rasch wird die Drehleiter ausgefahren und die Feuerwehrleute machen sich bereit. Schon kommt über Funk das Kommando „**Wasser marsch**!" Mit großer Wucht schießt das Wasser aus den Strahlrohren.

Siehst du den Mann im Steuerstand? Er fährt den Korb dicht an das Feuer heran.

Feuerwehrleute arbeiten immer zu zweit.

Der Einsatzleiter behält den Überblick.

Für mehr Löschwasser wird ein Hydrant angeschlossen.

Genug geübt?
Schau mal nach!

Wann hilft die Feuerwehr noch?

Auch die Schere kommt zum Einsatz. Sie kann Metall durchschneiden.

Im Hof der Wache findet eine Übung statt. Der Feuerwehrmann öffnet eine klemmende Autotür mit dem **Spreizer**
„Ui, der hat Kraft!", staunt Flo. Oft hilft die Feuerwehr bei Unfällen und dann muss jeder Handgriff sitzen.

Bei Unwettern gibt es meist viele Einsätze. Hier wird ein umgeknickter Baum von der Straße geschafft.

Brummm ... Die Motorsäge macht großen Lärm!

Die Feuerwehr rettet auch **Tiere in Not**. Das Kätzchen traut sich nicht mehr vom Dach herunter. Mia weiß genau, was zu tun ist.

Gar nicht so einfach, mit dem Wasserstrahl die Bälle von den Hütchen zu spritzen. Aber gemeinsam klappt das schon richtig gut. Ein **klasse Löschtrupp**!